お金もかからず体調万全!!

ゆる走り

まきりえこ

一般社団法人
日本スロージョギング協会 監修

スロージョギング

Let's start slow jogging!

プロローグ 走る暮らしが始まった！

そんな私が
この頃
ジョギングを
趣味にしてます
ジャーン
1年半走ってます
市民マラソン大会にも
2度出ました！
ラン旅
楽しいです！
その頃深刻な体力不足で
歩いたり家トレしたり
してましたが
ふぅ
ふぅ
義務感だけで
やっていたので
サボりがち…
エイエイ
近所の景色も
見飽きた！
歩くの
飽きた〜！
目先を変えたくなりました
そんなときに
海辺の素敵な街で
市民マラソン大会が
開催されると知り…
5㎞くらいなら
歩いてでも
ゴールできるよね？
私も
出ようかな？
このとき61歳！

今突破口を開かないと
運動不足のまま…
危機感がありました
せっかくだし
歩いてもいいけど
走る練習もしよう
ギシギシ
イテテ
そんな気持ちで
ネットで見つけた
ランニング講習会に
参加
ほぼ初心者で60歳以上
このとき出会ったのが
「スロージョギング」
という走法でした
えっ⁉ いきなり
1km走れたんだけど
魔法⁉
走れる
でしょう?
スロージョギングとは
おしゃべりできる
ニコニコペースで
乳酸の溜まらない
走り方をしようと
いうものでした
走るの初めてですか?
ええ
走り方が
学校で習った
のと違う…
走り方を教われば
私でも走れるんだ
しかも全然
きつくない!
驚きでした

そして
走れた経験は…
じゃー
た…
楽しかった!
もしかして私って
走りたかったの?
おみやげ
それ以来
走っています
猫が乗ってるので
今日は走れません
サボったり
太ったり
行きつ戻りつの
走る暮らし
それでも…
あおぞら〜
さあ
行こう!

続いたのはやってみたら「走る」ことが楽しかったからです
タッ
空の下に走り出すのは毎回とても素敵な気分です
子供の頃運動に苦手意識が生まれる前は
「もっと走りたいもっと走れる！」って思ってたなあ
そんなことを思い出したり
前はただ憂鬱だった悪天候も
あ！涼しくて走りやすい日だ
…と思えたり
もちろん走ることは健康効果もすごくて
痩せたよ！
筋肉ついたよ
よく眠れるようになったよ！
糖尿病や高血圧も改善するってよ
自信がついたよ
疲れにくくなったよ
持病も数値がいいよ！
お肌も若返ったよ
年をとるのが怖くなくなったよ

更年期以降自分に
ブレーキをかける
癖がついていて
ふたつも
みっつも
用事入れたら
疲れちゃう
一日いちタスクで
限界かな
ハァ
楽しそうだな
と思っても
街歩きと
グルメフェス
かあ
行くだけで
疲れちゃって
イベントまで
楽しめないかも
るるるん
とすぐに
諦めていたのに
走るように
なってからは
これ
行きたい!
行こう
面白そう
ピョン
フットワークが
すごく軽くなりました
そんな新しい自分が
すごく嬉しいです
きっかけになった
市民マラソン
大会にも無事
出走したんですよ
走り始めて
数ヶ月でした
沿道の応援が
温かくて
すごく楽しかった
ガンバレー
ランナー
ガンバレ
ガンバレ〜

健康になったこと気持ちが前向きになったことも含め
未来予想図が全然違ってきた気がします
ジョギングに出会う！
ジョギング続いた！
大会
なんか明るい老後〜
すぐやめた…
ゆるやかな老い
病気
・体力ついた〜
・病気しないー
・アンチエイジング
・痩せた、意欲的！
・仲間できた!!
回復ルート
ガックリルート
「歩ける人なら走れます」だそうです
走るのが嫌いな人や運動習慣のない女性 またミドルエイジ以上の方にこそ「走ってほしい！」と思います
あなたの生活に「走ること」が加わったらどんなふうだと思いますか？
全く新しいあなたへ出発！

猫は2匹
います
社交担当(♀)と
食欲担当(♂)
猫アレルギー発生
をおそれて
盆と正月しか
猫は吸いま
せん
(キリッ)

002 ［プロローグ］
走る暮らしが始まった！

【第１章】
運動音痴の私が本当に走れるの!?

014 第１話 筋肉量90歳と言われました

018 第２話 市民マラソンにエントリーしたものの

024 第３話 スロージョギングとの出会い

032 第４話 ジョギングのある生活で体力アップ！

042 第５話 トラックを走ってみた（3㎞）

048 第６話 市民マラソンに挑戦！

【第２章】
スロージョギングの聖地へ

064 第７話 もっと知りたい！スロージョギング

072 スロージョギングの基本をマスターしよう！

074 第８話 スロージョギング実践編

082 スロージョギング質問コーナー

Contents

【第３章】

マラソン大会に出場しちゃいました

086 第９話 横浜マラソン（7㎞）走ります！

094 第10話 いざ！大会当日

112 PHOTO ALBUM ～＠横浜マラソン～

【最終章】

目指したい未来の姿

116 第11話 格好良く年を取る

127 第12話 体はどう変わった⁉

130 ［エピローグ］ 走って痩せるってホント？

132 私の愛用ジョギングアイテム

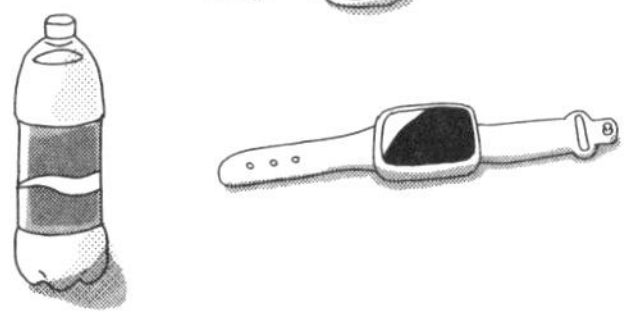

136 ［あとがき］

頭上にいつも
重苦しい黒雲が
あるようだった
更年期…

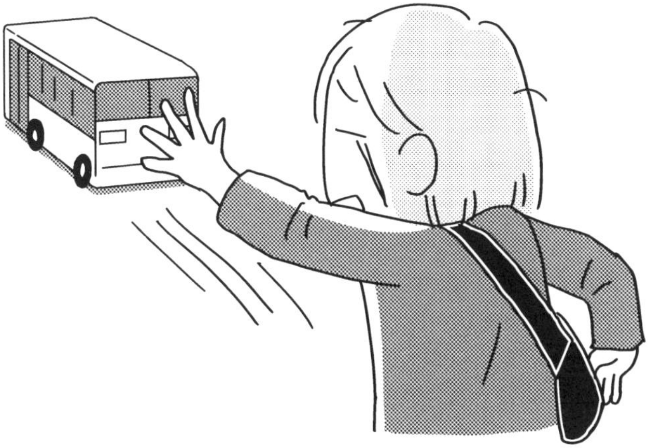

【第1章】

運動音痴の私が本当に走れるの!?

Chapter 1

第1話 筋肉量90歳と言われました

子供の試合応援でも…
ワーワー
サッカー場
ふぅ
どっこいしょ…
一人だけ立ち話ができずすぐ座ったり
ちょ…
これは…まずい
噂のロコモ※には私みたいなのがなるんでは?
危機感を持ちました
※ロコモティブシンドロームの略
筋肉や骨といった運動器の機能が低下した状態のことをいい、ロコモ状態になると歩行が困難になったり、要介護のリスクが高まる
なので更年期が落ち着くと
うん!
今日は頭痛もしない!ヨガに行こう
運動を意識しました
ヨガ
はぁ
ひぃ
ピラティス
エイエイ!
初心者空手
てぃっ
卓球
しかしあっさり膝を痛めて整形外科に…
空手?
診察室
はい!いつから空手に復帰できるかなって
あなたね!こんな筋肉量で空手とか無理!
かあっ
は?
筋肉量?

あなたの筋肉量は90歳！
衝撃の事実！
えーっ
見てこれ筋肉これだけしかない
あとは脂肪！
立ってるだけでギリギリの筋肉量です！
何をサボったらこんなになるの？
叱られました
空手してなんともなかった？
きつかったけどそういうものかなって
怪我しちゃったじゃない実際！
まず歩きなさい！
一日8000歩！
80歳の人に筋肉量維持で勧めてるのがその歩数だよ
頑張って毎日歩きなさい
ひぃ〜っ

とりあえず自転車を封印してなるべく歩くことに
ロコモとか※サルコペニアとか人ごとみたいに思ってたけど もう老化を意識して毎日を過ごさないといけない年齢なんだなあ
※加齢による筋肉量の減少および筋力の低下のこと
…と頑張ってみたのですが
スーパーと銀行に行ってみたけどたったの3000歩
歩数のわかるwatch
スーパー
忙しいし8000歩もなかなか歩けないよ
8000歩は約5㎞…歩くのに約1時間20分かかります
ショボーン…
そして体が変わった気がしない
相変わらず疲れやすいし
どう頑張ってもこれ以上はスピードもあげようがない
歩く距離を延ばすのは忙しくて無理
毎日家事も仕事もあるし…
更年期で失われた私の筋肉はもう取り戻せないのでしょうか?
元気なおばあちゃんになりたかった～
ボディは太く脚は細い…

第2話 市民マラソンにエントリーしたものの

階段を上るのに手すりが必要
いや楽じゃん手も使おうよ？
安全だしねっ
フゥフゥ
（布団の上げ下ろしなど）やや重い家事が困難である
風呂洗いごときで息があがる！
ヒィヒィ
姫なの？姫だから？
15分ぐらい続けて歩くことができない
2kg程度の買い物をして持ち帰るのが困難である
歩かぬ
決して
キリンッ
キリーン
買い物だけで体力使い切れないの！調理もあるんだから
家の中でつまずいたり滑ったりする
あっ
ガツッ
5ミリの段差
さすがにこのときは「おばあちゃんじゃん」と自分でも思いました
だめだ完全にロコモ予備軍だ
健康老人
寝たきり老人
Welcome!
かすんで見えない
座って仕事ばっかしてるし
んっ
私の行く末にはロコモの未来しか待っていない…

福岡マラソンエントリー開始？
涼しい季節に海沿いを走る？
マラソン大会…
それまで人ごとと思っていたイベントでした
調べたら5.2kmのファンランがある
おおっ
5kmくらいなら歩いてでもゴールできるよね？
未来の私
時間制限があることに気づいていませんね？
走ってたらお水とかフルーツとかもらえるんでしょう？
あれいいなあ…♡
福岡ファンランには飲食サービスないよ
コロナで数年やめていた沿道応援も今年は解禁！
そっかあじゃあ街中が盛り上がるね
わー
わー
わー
仮装の人やおじいちゃんと孫に混じって走る楽しいイベント
イエ～
ムズムズ
どんどん妄想がふくらみ気づくと

ええい！
これをきっかけに
走る人になるぞ
ダー
ファンラン5.2㎞に
衝動的にエントリー
してしまいました
……
やっちゃった
かっこいいポーズ
本当に
走るんでしょうか
この私が？
最後に走ったのは
いつだっけ？
バスが来たんで…
ブロロロ
うおっ
行かせるかッ！
ダーッ
発車しまーす
全然
追い付けなかった
あのときかっ！
あれって10m
くらいでしたよ？
いくらなんでも
衰えすぎだろ
一応今
どのくらいなら
走れるのかな
いくらなんでも
ゆっくりなら
100mは
いけるでしょ
走ってみますか
とりあえず

25mでした!
ハァハァ
そこの角までが走れん!
25m
5km割る25mって…200倍?
むりーッ
200倍って何倍!?
エントリー初日に立ち込める暗雲!
自分ではとうていクリア不可能なミッションだ
他人の力をかりましょう
そんなときネットで手頃な講習会を見つけました
なになに?「福岡マラソンの完走を目指そう!」
地元新聞社主催のシニアジョギング講習〈計4回〉
なになに?「現在どのくらい走れますか?」【0km】でお答え?
km?
25mだよ
距離数でグループ分けされるとも知らず走行可能距離「0km」で申し込みました
0km!
送信ッ
それがスロージョギングとの出会いになるのでした

プンプン
シュ〜ン

第3話 スロージョギングとの出会い

みなさんは2ヶ月後にファンラン5.2㎞にチャレンジしますが
4回あるこの講習会が終わったときには5.2㎞が走れるようになってます
他力本願ですみません
よろしくお願いします
今日はまず「スロージョギング」という疲れない走り方を覚えて帰ってください
講師の松田拓朗先生
福岡大学病院リハビリテーション部に健康運動指導士として勤務
講師の先生
みなさんいつもどう走りますか？やってみてください
着地はどこでしてます？かかとでしょう？
今日覚えてもらうスロージョギングはもっと前のほう足の指の付け根部分で着地します
かかと着地
フォアフット着地
「フォアフット着地」と言います
その場でエア縄跳びをしてみてください
今足の裏の前のほうで柔らかく着地してるでしょ
ストン
ストン
それがフォアフット着地！
←視線は上
トッ
トットッ
初心者でも膝に負担がなく故障が少ない着地法です

体はまっすぐリラックス
そのまま前に倒してください
上にひっぱられるように
倒す
耐えられなくなったら
おっとっと
前に向かって走り出します
そのまま公園内を走りましょう
歩くペースで
ゆっくり
顔あげてください
ピッチは細かく
1分間に180歩を目安にすると良いとされるようです
着地はこうだっけ?
慣れない着地法はむずかしく
気づくとだんだん引き離されてしまいました
またビリ〜〜
私ってぶきっちょ?

ふと見ると先生がマンツーマンで様子を見守ってる人がいます
病気の人のリハビリのような？
その勘が当たっていたことは後日判明します
みんなでゆっくりペースで小さい公園を2周しました
お疲れさまでした休憩しましょう
どうです みなさん走ってみて息は苦しいですか？
あれっ そういえば全然苦しくない
けっこう走ったよね？

おしゃべりもできましたよね
そういえば
息があがらないペースで走る それが「スロージョギング」
ぼくらが提唱してる疲れない走りです
これがスロージョギング？
「スロージョギング」疲れない走法との出会いでした
「おしゃべりできるニコニコペース」その運動強度で走ることをスロージョギングでは目指します
目標心拍数は138引く年齢／2 時速は3～5㎞くらい 「乳酸」※がたまらないので理論上はフルマラソンも走りきれます
60歳だと 138−60/2=108拍/分
※息切れする激しい運動をすると過剰に分泌される物質

さあじゃあ もう一度 走りましょう
おしゃべり できるでしょう? そのくらいの 速さだと 覚えてください
息があがって おしゃべりが できないようだと あなたにとって オーバーペースです
その日は 1㎞ほど走って 解散しました
1㎞ 走れた～
そして 全然 疲れてない
自主トレでは 数十mが辛くて 走れませんでしたが
ハア…
あれは 私にとって オーバーペース だったってこと?

講習を思い出して家の近所を走ってみたら…
走れた！しかも全然疲れていない
最初のときにへこたれた角があんなに遠くに
驚きました
疲れてないから走った後に家事もできる
バリ バリ
バリ バリ
仕事もできる！
これだったらもしかして私…
走り続けられるかも！
健康のためにランニングを日常に取り入れられると感じました

歩けるなら
走れます!

第4話 ジョギングのある生活で体力アップ!

ニコニコペースだとけっこう走れるので
今日は２㎞も走れた～
これってもうジョガーじゃん
ゴクゴク
とにかく走ろう！やってみよう！というコンセプトで
持ってるTシャツと靴で走ってましたが
ここで私シューズを買いました！
続きそうと思えたんでモチベにね！
フンフン
カーボン入りで重いことも
厚底で足（かかと）を守る
カーブしてる
ランニング初心者にはこういうシューズがいいと言われますが
見た目フツ～
軽い
まっすぐで薄い
スロージョギングに向いているランニングシューズはむしろこっち
中級者が履いている底が薄くて極端にカーブしてないもの

でもランニング講習会やショップでは厚底カーブ靴を勧められます
初心者は厚底で足を守ってください
初心者コーナー
18000
なのでネットで購入しました
底の薄い反ってないもの
底にカーボンの入ってない薄いもの
これとかいいんじゃない？シンプルなデザインで失敗しても安いし
スポスポ
ドキドキ
帽子や走るときに便利なグッズもこのときネットで買いました
UVキャップ
気分あがる！
もちろん手持ちのTシャツやランニングシューズで始めても大丈夫！
吸汗速乾Tシャツ
夜ランも安全反射バンド
ランニングシューズ
これまでいろんな運動が続きませんでした
でも…
ジョギングって「走る」ってなんだか特別
野生のプライドが蘇るっていうか
走るとすごく根っこのところで自信がつく感じ
WILD!

この頃の一日…
仕事もきりがついたしちょっと走ってこようかな
夕ご飯の前にジョギング
食べちゃうと体が重くて走れないから空腹時に
タッ
タッ
タッ
寄り道
ミンチ肉欲しいな明日のパンも
スーパーにいってこよう
疲れないから家に帰っても
そのまま家事
スーパー
夫おかえり～晩ご飯すぐだよ
前まではスーパーに行くと疲れちゃって
すぐには料理なんてできない～休憩させて
フウフウ
スーパー
トントントン
それを思うと体力ついたなあ

体力がついたといえば以前は…
朝に溜まったちょっぴりの「体力」を
ちゃぽん…
体力
どう夕方まで持たせるかが大問題！
なにしろこれまでの私といえば
こんな感じ
回想
「駅の階段は歩きなさい」って情報番組で言ってたっけ
階段組（エラい）
エスカレーター
でもここで体力使ったら帰宅までに…
死する！
（死にません）
出かけるだけで歩くだけで減っていく「体力」ゲージ
ぐいーん
情けない…
向こう岸のビルに用事があるけど迂回なんかしてたら
たぶん倒れる！
（倒れません）
いつも動線を考える

ぎゃ〜
この人混み
突っきったら
滅する！
(滅しません)
あっちに
行きたいけど
弱る！
(弱りません)
あのビルに
行きたいけど
迂回路ありで
歩く距離が
50歩増える
この買い物だけは
すませたいけど
用事を半分で
諦めたり…
過去の自分ヒサンね
無理無理
寝込む！
もう帰ろう
なんとか家に
帰り着いたが…
矢折れ
弾尽き
体力の限界…
晩ご飯はもう
ウーバー頼んで
いいかなあ
ゲホッ…
ちょっと
外出するだけで
大騒ぎ
そんな
体力のない
自分が嫌いで
出歩かないのに
ご飯は食べるから
じわじわ太る
ますます
出不精に

でも走るようになってからは…
あれ？階段が普通に上れる
息がきれない
迂回路すご！
まあ体力作りと思おう
行き先が駅から遠そう
歩けばいいか〜
フットワークが軽くなったのを感じます
なにしろ更年期で非活動的になって
筋肉は落ちたし気持ちも内向きになってたし
太ったし
つま先立ちがフラフラ
運動をしないと骨量も減るし（骨粗鬆症予備軍）
動かないことで血管も老化するし
あのとき整形外科で「筋肉量90歳」と言われまず歩くようになって本当に良かった
健康は足から！

そして走るようになってみるとさらに驚きが！
私は心拍の測れるスマホ連動のウォッチをつけてて
（アップルウォッチ全然使いこなせていません）
数年分の心拍数の記録が勝手に残ってるんですが
走るようになって「心肺機能」の数値がじりじり上がってる！
階段が辛くないはずだ！
これは早足で歩いていた頃にはなかった変化です
嬉しい！
年齢的に何もかも衰えるばかりと思ってたのに
走ると体が変わっていくのがわかります！
スーハー
肺も
手足も
血流も
よみがえる
若がえる
走るってすごいね！

走る~~子~~おばさん日記
最初は夕方 走っていました
はっ
忙しい 忙しい
これ以上 遅くなったら お腹減っちゃう
夕方に走ると 寝付きは いいんだけど
用事を抱えて バタバタしてると おっくうだな
今日も また 暗くなった・・・
チカンや 事故も 心配だし・・・
今日も明日も さぼりたく なっちゃうよね
ダメケロ
反射材
そこで朝走る やりかたに 変えました
（朝は5時くらいに起きて 事務処理などをしてます）
もう6時半！ そろそろ出よう
これ以上遅くなると 小学生の登校時間と 重なっちゃう
BBAはどうせ 毎日早起き
走る人間の 気が知れニャイ
ZZ…

朝走るようになると…
生活にランが浸食してこない
朝走っても別に疲れてないしいいな！
ただいまー
日光に当たると骨粗鬆症にも効果あるし加齢鬱の対策にも！
ごはんごはん
もう食べたくせに言う
そこで朝走るやりかたをメインにしました
お日様パワ〜!!
UVもぬってるよ
週に3日くらい走れたら上等と思ってるんだけど
あまり思い詰めず週1くらいは走りたいな
あとはお買い物ラン銀行までランコンビニまでランなど
いつものランより距離が短い思いつきランも気軽に取り入れてます
ネコは走らニャイ
エイエイ
悩みは私服が一切要らなくなったこと
お得なのは自律神経が整って身体がポカポカ暖房費が節約できること
コンビニにもつい吸汗速乾Tシャツ

第5話 トラックを走ってみた(3km)

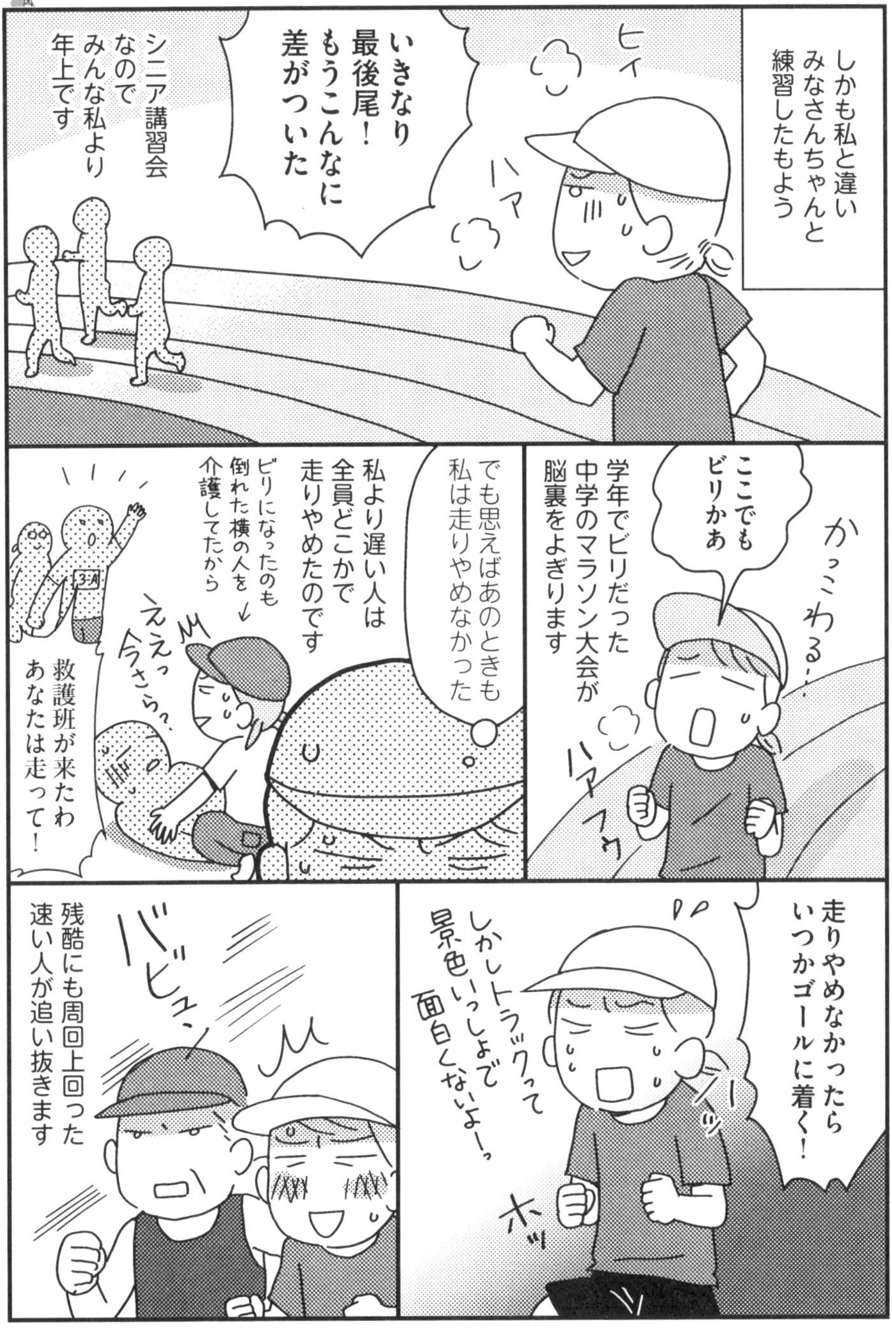
しかも私と違い
みなさんちゃんと
練習したもよう
ヒィ
ハァ
いきなり
最後尾！
もうこんなに
差がついた
シニア講習会
なので
みんな私より
年上です
ここでも
ビリかぁ
かっこわる‥
学年でビリだった
中学のマラソン大会が
脳裏をよぎります
ハァ フゥ
でも思えばあのときも
私は走りやめなかった
私より遅い人は
全員どこかで
走りやめたのです
ビリになったのも
倒れた横の人を
介護してたから
3-A
ええっ
今さら？？
救護班が来たわ
あなたは走って！
走りやめなかったら
いつかゴールに着く！
しかしトラックって
景色いっしょで
面白くないよー！
ホッ
バビュー
残酷にも周回上回った
速い人が追い抜きます

Aチームはフルマラソン経験者です
最後尾の私は追い抜くための目印なんだろうな
コーン？
悔しいなあ
練習も足りてないのに悔しがっちゃだめか
淡々とビリを走り続け…
はっ
ラスト1周です～
ええっ
いつの間に？ラスト周？
トラックがたいくつすぎて意識を失ってた？
しかもなんか程良く前方集団についてけてるし
これはっ
バビュー
もう頑張るしかないやつっ！
おー追いついたね
てへへっ
D班のみんなに追いつけました

そして…
タッタッ
タッ
ラスト1周でまたA班の集団に追い抜かれました
タッ タッ タッ タッ ダッ
彼らは一体何周走ったんだろう
ほわー
かっこいい…
はっ
追走します
ダー
ッ
まだ力あります!
えっ
なんとラスト200mを速い人たちに混じって走りゴールインできました
←知らない人が見たら先頭集団
速く走るの気持ちいい!

スロージョギングが「疲労が溜まらない走り」って本当だった！
ラストの追い上げは自信になりました
わあ
お疲れさま！本番も頑張ってください
は〜い
はわ〜
3km走れた〜
3km走るのとかいつ以来だろう？高校生以来だよね
糖分補給
……
最後は無心で走れて気持ち良かったな
ドッ
ドッ
たぶん憑《ひょう》依《い》？
「ゾーンに入った」くらい言おうよ
ラン神太助
300年前のマラソン名人が
さあ2週間後はいよいよ本番5.2kmです！
A班の人みんな痩せてた
痩せなきゃ
ラン神太助は本番でも憑依するのか？
もずく
こんにゃく
海草サラダ

ああ〜〜ッ
今日も
体力ボトルの
残りが
少い

第6話 市民マラソンに挑戦！

※フルマラソンのタイムが3時間を切ること

※数日前から糖質の摂取をコントロールし
運動パフォーマンスの向上を狙うランナー必勝の食事法

うどんで
グリコーゲンローディング
ちゅうわけね

わお
みんな
ラン勢だ

会場脇で
うどんを食べる

いえっ！足が張るほど
走り込んでないんで

無料マッサージ
いかがですか

記念品や
大会Tシャツ
ゼッケンの
入った袋を
受け取り

スポンサード
18回XX
ユニバーサル

痩せよう

ぐうぅ

くっ　じょ

ユニセックスだよ？

大きいかもだけど
Mで予約したのに～

ハム状態！！

そんな
ランナー
みたいな
前日を過ごし…

ぎゃー
明日着る予定の
大会Tシャツが
むちむちだ！

いきなり
気持ちが
下がったり
しつつ…

動き出した

ゾロ
ゾロ

ひいー

派手な色～

いよいよ大会
スタートです

講習会でもらった
オレンジのウェア
を仕方なく着用

目立つ～
目立ちたく
ないのに～

先頭スタートです！
ワーーッ
歓声をあげ群衆が動き出しました
ぞくっ
今朝は早起きをしました
やっぱり雨が降った
風邪引いちゃうかも…
ハァ…
4:30
更年期以来無理が利かない私には気の重い天候です
でもここには小雨など気にする人はいません！
ゾロ
ゾロ
むしろ小雨を「走りやすい」と歓迎してる
元気で丈夫な1万4000人がゴールを目指すんだ

感動しました
自分なりに練習し
今私もここにいます
ぞくっ
走る人たちと一緒にいられるのが嬉しい!
おーーっ
走れることの誇らしさ!
ワアッ
角を曲がると市民の大応援でした
ワー
ワー
がんばれ
がんばれ
長い沿道応援
自粛が解かれ
市民もお祭りです
ファンランなのに
英雄を送り出す
みたいな応援
ワーワー
わが県民ノリいいな…
ワーッ
がんばれー
がんばれー
注がれる期待で
心が充電され
ドムッ
ドムッ
スイッチ入る!
カッ!
必ずや5.2km
走りきって
ご覧に入れます
単純か…

以後「おばちゃん特権」で手を振りまくり
みんなも楽しんで帰ってね！
しかし当日までサボる気だったのでコースもろくに把握しておらず
ハァフウ
ずいぶん走ったな
市長がいる！お祭りっぽーい
おお…
実は…
ここが…
スタート地点だったのです～！
え？みんな急にスピード上げた？
ダーッ
市長効果かな～TVも来てたしね
うん
だから今スタートしたの！
並んだ場所から距離があってスタート地点に移動しただけ～
あんぽんたんの初マラソン今スタートしました～～
お祭りだし頑張ろー
けっこう走ったなもう1kmくらい？
実は今0mですけど大丈夫ですか～

流れについていけば大丈夫だろう
辛ければ速さを落としてもいいし
この人何も知りませんが
集団がばらけるまでは速い人に牽引されます
このときで時速8～9㎞出ていました
この人の今までの最速は5㎞／hです
ところで大会前
準備こんな感じでいいかしら？
他の人よりへっぽこ体力だから万全を期したい
雨合羽
スマートウォッチ
音楽
腕カバー
アメとか補食とかいるのかなあ
あれ？ファンランコースには飲食ブースがない!?
水もない！
そっか5㎞ってあっという間に終わるから食べなくていいんだ
はずかしい…
フルマラソンの人みたいにガチの準備してた
雨合羽なんていらないよね降ったらぬれればいい
水も食べ物もいらないよね3㎞走のときいらなかったし
え～い
慎重すぎて荷物多い私です

ところが本番の今日!
喉っ めっちゃ 乾いた
天気は小雨よ?
えええええっ
練習で起きないことが本番では起きます
走ってて水が欲しいと思ったことないのに…
水はスタートで預けたリュックに入れたまま…
ゴールに搬送してくれる↓
うっ…
喉辛い
アメ…今ここにアメがあれば…
2km
あ 子供
子供には濃いめに手を振ろう
ガンバレ
走ったことのないハイペースで1km2km しかも痛恨のミスが…
景色が見たくてコンタクトレンズ入れたら心拍数が老眼で確認できない
集団はバラけここらで80歳にも仮装の人にもぶち抜かれます
ズバッ
ズバッ
ゼッ ゼイ
喉が辛い… 息ができない
ハァ ハァ

オーバーペースのまま走り続けます
ゼィゼィ
ああ海に出た走りたかったコースに来た
でももう私は…
もう走れない
歩き出してしまった地点はまだたったの3㎞でした
トットッ
ピタッ
すべて準備不足のせいでした
スタートどこ？わかりにくいなまいっか
初大会でしくみや走り方が全然わかってなかった
たかが5㎞とアメも水も持たなかった
お荷物預ります
水はゴールで買えばいい
当日思いついてコンタクトを着用した
ダメじゃん私って
ガクーッ
歩いてしまってる人には沿道の応援がふりそそぎます
ガンバレー
ガンバレー
ガンバレー
いやもう頑張れないって
ガンバレー
ガンバレー
この気まずさにゴールまで耐えるのか〜
トボトボ…

あなた〜
アメ〜
ん？
沿道にかわいいおばあちゃんコンビがいました
アメいかが？
あっどうもー
カロン…
あ…甘い
大集団は行っちゃったのにへこたれそうな人にアメをあげたくて帰らなかったのでしょう
優しい
今日寒いのに
ガンバレー
子供も応援してくれて
走りやめてるおばちゃんでごめんね
ワー
ワー
あれ？
走れる気がする

ダッ
走れる！
おばあちゃんアメ効果でした
カラカラだった喉がうるおっていました
また走り出しました
ハッ
よし！走れる
走ろう！
ハッ
あと1km
と少し
ただ今
4km地点
はあ
はあ
はあ
はあ
走りながら聴いていた曲を変えました

かけた曲は
息子が小学生だった頃の
ファイトソング
きつぃ〜
人より小さい体でいつも大変そうだった彼
もうすぐ試合会場だよ休むかい？
いや！あの曲かけて！おれ頑張れる
この曲をかけてへこたれたら
ダンッ
ダダダ
ダダダ
ダンッ
息子に顔向けができない
学校卒業以来走ったことのない5.2㎞の距離のラストスパートです
はっ
はっ
ゴールだ！

ヒーローのようなポーズで
ゴール
ファンラン初チャレンジ無事にゴール！
ヒィ
お…終わった
ハァ
初マラソン大会の感想はそれのみ
ゲートタイム以内でゴールできたってこと？
やったの？どうなの？
スタートが遅くなりタイムを大目に見たそうで
無事ゴール！
しかも自己計測では…
5.2kmを47分！自分史上最速！
歩いちゃったけど頑張れたようです
完走後はよれよれ
ガクガク
ヨレヨレ
これで解散？
もっとこう焼きそば屋台とかお祭り感欲しいよ…
リュック受け取った
フルマラソンのゴール地点はいろいろ楽しかったらしい

ところで
家族には
今日が大会だと
言って
ないんですが
夫
息子
猫男
猫女
偶然
バイト帰りの息子が
通り過ぎました
えーーっ
息子!?
キッ…
おかあさん
完走した
よーーっ
ニコッ
ぐっ!
家族から祝福の
サムズアップ
いただきました!
ゴール
よしっ

42,195km！
走ったのー？
部活で数kmを
毎朝走ってた人
きゃあっ
帰宅後、息子にこう
言われました〜。

【第2章】スロージョギングの聖地へ

Chapter 2

第7話 もっと知りたい！スロージョギング

私のような走るのに向いていない人間でも走れますか？
デブでダラで運動不足です〜
ぜひ走ってください
人間は走るのに向いてるんですよ
太古人類は走って獲物を追いかけていました
長距離で人類にかなう動物はいませんでした
タッ
タッ
デスク ワーク
長い狩猟採取生活
40万年前にホモサピエンス誕生！
この辺でやっと産業革命
人類はつい最近まで何十万年も獲物を追って走ってきたのです
走ることは人類の得意技なんです！
チャンピオン
人の体は走るようにできてます！
やったー
でも走るのって辛いですよね？
それは走るペースが速すぎるんですよ
健康増進にはどのくらいの運動をしたらいいのか？
昔は最大酸素摂取量や最大心拍数の70％でないと効果がないと思われていました
学校では息が苦しくなるまで走らされてました！
そうだった！
暗い記憶

でも実は最大酸素摂取量の50%の低い運動強度で十分効果があるんです
えー！
それがニコニコペース
おしゃべりしながら走れる速さ！
ぼくらが「スロージョギング」でおすすめしてる運動強度です
スロージョギングは普通に歩ける人なら誰でもできます
走ることは歩く約2倍のエネルギー消費になるんです
ダイエットにも効きますか？
もちろん！
加齢で筋肉が痩せると基礎代謝が減りますよね
スラ～～リ
年を取ると息をしてるだけで太るんですよね
エネルギー消費量は①生命活動に必要な基礎代謝量②食べ物の消化吸収貯蔵に使う代謝レベルの上昇分③走ったり動くのに必要な代謝量の合計です
太りにくい人は活動量が無意識に多いことがわかっています
「こまめに動く」「ちょっと立つ」「ちょこちょこ家事をする」などですね
耳痛い…

数キロ走っても消費カロリーってたった100kcalとかですよね
このお饅頭食べたら走った意味ゼロかぁと思うとねぇ
人類は燃費がいいですからね
飢餓時代が長かったので
でも大丈夫！
走れば体が変わっていきます
走ると最大酸素摂取量がだんだん増えます
血行も良くなり各臓器もいきいきしてきます
若々しい体だと安静時消費カロリーも当然増えます！
みなさんスロージョギングで減量でも結果を出していますよ
やったー！
スロージョギングはロコモ予防にも効果的です
自分がいずれロコモにならないか気になってます
デスクワーカー2人組
筋肉は加齢により減ります40歳を100とすると80歳では60くらいに衰えますが！
部位により衰え方が違います
太もも
前側！
たとえば太ももの後ろの筋肉は衰えず前の筋肉がどんどん減ります
スロージョギングは太ももの前側の筋肉が鍛えられるんですよ！

骨粗鬆症にも効果があります
わー！キター！
食いつきすごいですね
？
最近友だちが次々骨折してるんです
ちょっと転んだとかつまずいたとかで
夫の母は転倒時に手をついて粉砕骨折しました
交通事故でもないのに粉砕骨折って
あっ
高齢者のQOLに大きく関わる骨粗鬆症ですが私も人ごとじゃない年齢なんだなって
骨粗鬆症の予防には
①運動
②日光
③食事
閉経するまでの骨貯金が大事と聞きますね〜
閉経した女性も諦めないで！
骨の強度を高めるには重力のかかる運動がいいと言われますね
ランニングやウォーキング
しげき
ぼくらは踏み台昇降も勧めてます
スロージョギングは!!
日にも当たるしお腹もすくし最高ですね！
スロージョギングは適切な負荷と言えますね

高齢者のQOLの話題が出たのでメタボに話を戻しましょうか
みなさん肥満度をあらわす「BMI」はご存じですね？
BMI=体重kg÷(身長m)²
知ってま～す怯えてま～す
25未満だと普通体重なんですよね
日本肥満学会では、BMI22を適正体重（標準体重）とし統計的に最も病気になりにくい体重と言われています
ところが…BMIの数値が普通でも
「隠れ肥満」があるんです
体重が重くないのに体脂肪の割合が多い…このような人を「隠れ肥満」と呼びます
自覚がない場合がほとんどです
ぽよぽよ
ぷよぷよ
原因は飽食よりも運動不足！
日本人は筋肉がつきにくいのでこの隠れ肥満がとても多いんです
ドッキー…
怖いですね本人には自覚がなく健康に問題が起きてくるんですね
そうなんです
「筋肉年齢90歳」と医者に言われた漫画家

太もも全部筋肉と思ってる？
半分のここが筋肉！あとは全部脂肪！
整形外科にて…
どれだけサボればこんなに筋肉が減るの？
歩きなさい！
ダラダラ
80歳の人に筋肉維持で勧めてるのが一日8000歩！
あれから反省して生活の中でなるべく歩くように意識していましたが
特に筋肉が増えた気はしない
隠れ肥満の人って歩いたりするといいんですか？
歩いても筋肉は増えません
ざんねんながら…
そういえば医師も言ってた！
8000歩は筋肉維持の歩数
ぼくたちはやはりスロージョギングをおすすめします
走ることは歩くことよりも運動強度が高くて使う筋肉が圧倒的に多いですから
フォアフット着地なら膝への負担も少ないですし
でも「走る」って私のような運動不足さんや高齢者には負荷が高すぎるんじゃありませんか？
怪我とかしそう…
「歩ける人なら走れます！」というのが故田中宏暁教授とぼくらのスローガンです

糖尿病や生活習慣病にもスロージョギングは効果があるんですよ
福岡大学病院では心臓病の方のリハビリとしてもスロージョギングを取り入れてます
あ！
やっぱりリハビリの患者さんだったんだ
講習会で松田先生が伴走してた人…
病気の人が走っても大丈夫なんですか？
ホノルルマラソンの起源って知ってますか？
心臓病の予防とリハビリのためには長距離走が有効である
医
心臓病専門医 ジャック・スキャッフ
え～
という考えのもとに1973年から開催されていたマラソンクリニックが誕生のきっかけです
ホノルルマラソンは今も現役の医師が会長で多くのボランティアが大会をサポートし制限時間がないんです
知らなかった～
心臓病への効果はすでに検証されたものだそう
ぼくたちは高齢者のウェルネスとしてもスロージョギングの普及活動をしてますが70代で走り始め80代でフルマラソンにチャレンジした方もいるくらいです！
いくつになっても走れます!!
「走ることを楽しむ人」に憧れつつ自分には関係ないと思っていましたが
私ももっと走れるかな？
わくわくしてきました

スロージョギングの基本をマスターしよう!

基本の走法をマスターして、
暮らしに「走る」を取り入れましょう!

福岡大学病院
リハビリテーション部
松田拓朗 先生

①足の指の付け根で着地する

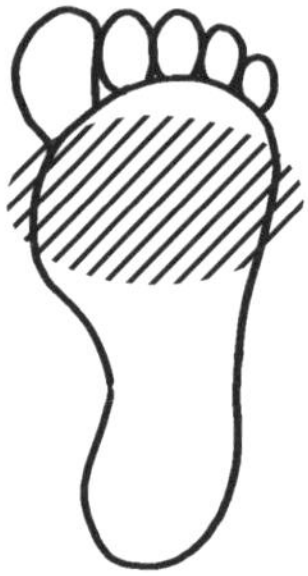

腰から下肢全体の衝撃を和らげてくれるフォアフット着地で、怪我を防止します。

②歩幅は20〜30㎝からスタート

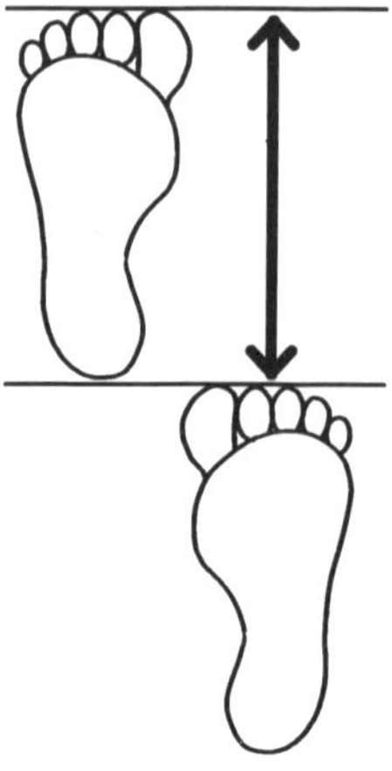

歩幅はまず20㎝くらいを目安にスタート。少しずつ広げていき、自分の体型や体力に合わせていきましょう。

③時速 3〜5㎞の ニコニコペースで走る

息切れの一歩手前で、走り続けられる疲れないスピードで走ることが基本。1分間に180歩のピッチで小刻みに走ります。

④口を開け、呼吸は自然にまかせる

特殊な呼吸方法はなし。荒くならないことを心がけ自然に任せます。

⑤顎を軽く上げて、視線は遠方に

顎を軽く上げることで背筋が伸び、脚も引き上げやすくなります。気道も広がるので、呼吸もしやすくなりますよ。

［まき］

フォアフット着地で脚に痛みが出てしまう場合、原因は何だと考えられますか？

［松田］

よっぽどの運動不足で筋肉が耐えきれなかった、一度にたくさん走りすぎた、フォアフット着地を意識するあまり、かかとを上げたまま走る動作（フォアフット走法）になっていたなど、下肢筋力の状態や正しい動作ではなかったなどの原因が考えられます。

まずは、その場で軽く両足ジャンプをしたり、駆け足をしたりする動作で着地の感覚を掴みます。走り始める前に、まずはその場で駆け足を始め、次に体を一本の棒に見立てた姿勢のまま前方に倒れるように重心を移動させます。「倒れそうだから、倒れないようにもう片方の足を前方に出す」という動作の繰り返しがジョギングになります。

着地のときは上半身よりも前に足を出して着地しないように注意をしてください。上半身よりも前で着地すると大抵かかと着地になります。足は体の真下で地面を捉える（片脚で上半身を支える）ように着地をしましょう。

筋力の問題に関しては、歩く・走るの動作を交互に行うことから始めてみてください。たとえば1分間走ったら１分間歩くというやり方です。時間ではなく距離を目安にして走っても大丈夫です。２～３週間続けていると走る筋力が養われてきます。走るのが楽になってきた、脚が疲れにくくなってきたと感じたら、走る時間や距離を少しずつ延長させてみてください。

第8話 スロージョギング実践編

ピッチは小刻みに！
カオあげて
ニコニコペースで乳酸の溜まらない運動強度を維持しましょう
えーとおしゃべりしながらニコニコ走れるペースのことですね
長年研究してその運動効果を実証されてきたんですよね？
はい！運動を安全かつ効率的に行うには中等度強度の運動だ！と目星をつけてから
ぼくらは血中のさまざまな成分や血圧や心拍数などいろいろな数字を計測しました
それで導き出したのがこの「ニコニコペース」
心拍数が138から年齢の半分を引いた数字になるペースです
私は138引く（60歳÷2）…「108」か
私はスポーツウォッチで心拍数を測れるんですが
適当な機器がない場合は？
130よ！
心拍あげすぎです
「息切れの一歩手前」を意識してください
並んで走る人とおしゃべりができるくらいがニコニコペースと覚えてください

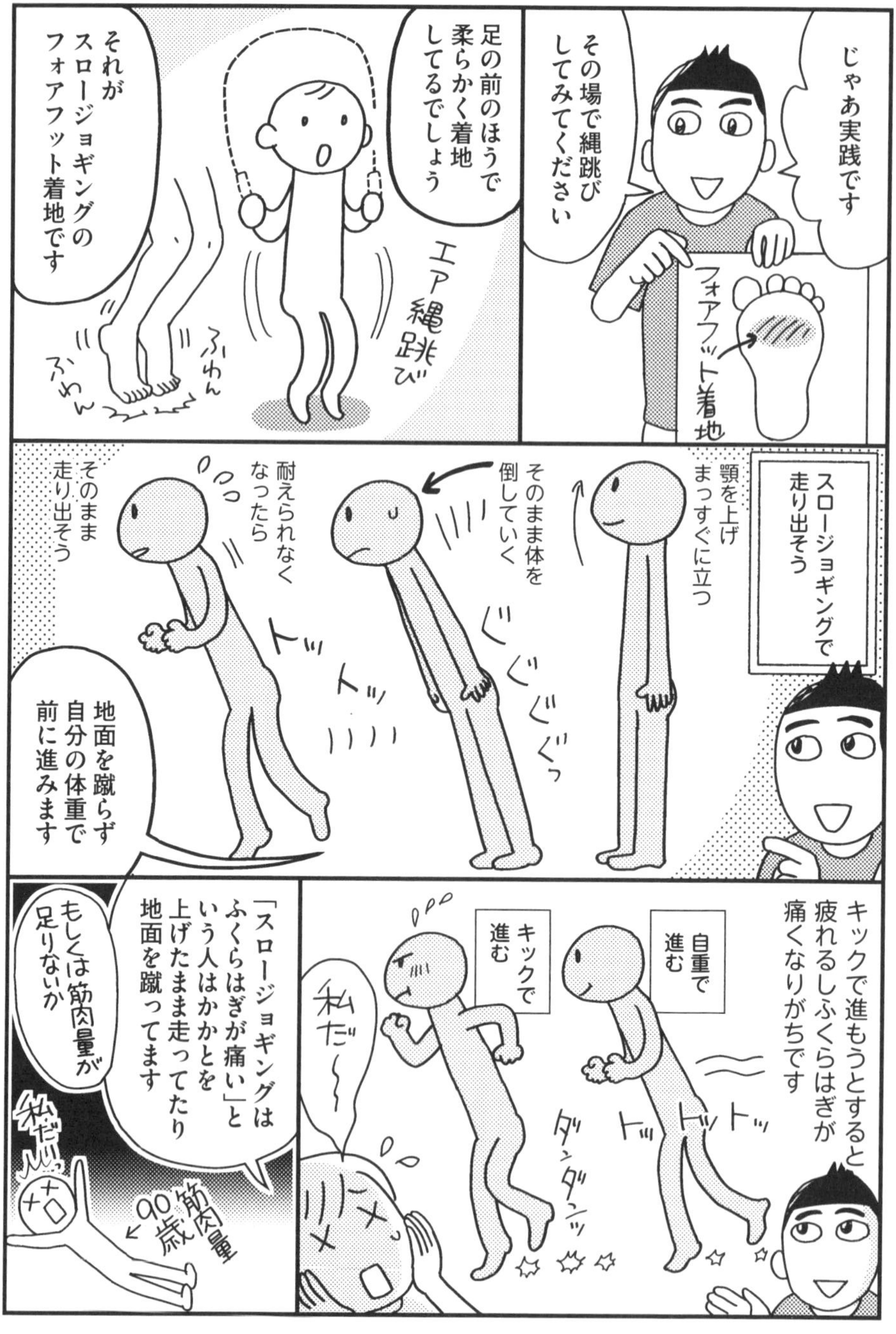
じゃあ実践です
その場で縄跳びしてみてください
フォアフット着地
足の前のほうで柔らかく着地してるでしょう
エア縄跳び
ふわん
ふわん
それがスロージョギングのフォアフット着地です
スロージョギングで走り出そう
顎を上げ まっすぐに立つ
そのまま体を倒していく
ぐぐぐぐっ
耐えられなくなったら
トッ
トッ
そのまま走り出そう
地面を蹴らず自分の体重で前に進みます
キックで進もうとすると疲れるしふくらはぎが痛くなりがちです
自重で進む
トッ トッ トッ
キックで進む
ダンダンッ
私だ〜
「スロージョギングはふくらはぎが痛い」という人はかかとを上げたまま走ってたり地面を蹴ってます
もしくは筋肉量が足りないか
私だ!!
筋肉量90歳

フォアフット走法は
踵に衝撃がかからないので
膝などを痛めにくいですね
ダン
ダンッ
かかと
着地
フワッ
フワッ
フォアフット
着地
踵着地は
膝に優しく
ないんですね
ランニングを
敬遠していたのは
「膝を痛める」と
聞いていたからです
スロージョギングは
始めたら膝が治ったと
言っている人もいます
保護する筋肉が
つきますからね
※膝の状態にも
よります
この日は室内でやれる
8の字ジョギングも
教わりました
折り返しまで行ったら
多めに足踏みして
帰ってきてください
トッ
トッ
そうそう
背を伸ばして
顔もあげて
ピッチは小刻みに
トトトト
イメージとしては8の字でターンする「スロージョギング＆ターン」

これだったらリビングのテレビの前ででも気楽に走れるでしょ?
今日のレシピは
雨の日でも走れますね
出先での待ち時間などにも
でもターンがあるから膝や足首を痛めませんか
直線を走るよりひねりがあるぶん関節に負担はかかりますね
足に不安がある人は短時間で小分けに運動してください
靴下履いて滑ったりにも気をつけてね
すきま時間に気楽にできるので女性やシニアにも人気の運動ですよ
Lets スロージョギング 8ターン
運動強度あるし体力のある人にもいいです
室内でも外でもニコニコペースは忘れないでください
これは脂質を効率的に燃焼させる強度で乳酸が溜まりません
疲労が溜まらないので!
ニコニコペースならみなさんもフルマラソンが走れますよ!
夢のあるお話ですがフルマラソンは目指してないです〜
猛者の方どうぞ!

ところで僕ももともとは競技スキーしてました
え！スキーは体重が必要では？
スラーリランナー体型
ええ当時はガチムチでした
でも田中宏暁先生と出会って
スロージョギングなら乳酸が溜まらないからフルマラソンも走れるよ
この方もランナー
やってみたら面白くなって
今は3時間ちょっとでフルマラソンを走ってます
ぐっ
ぼくの理論を実践したねえ
ひゃ〜〜
ジョギングを続けたら私たちもそんなふうに痩せられますかねえ
はい！
スロージョギングを始めてから
6kg痩せた8kg痩せたという講習生は多いです
でもランニングやジョギング（運動）だけではなかなか痩せませんね
やっぱ余計なカロリー摂取などはひかえないとね
スラーリ
その体はランで作られたんじゃないの!?
人類って飢餓時代が長いので運動だけでは痩せない省エネ仕様なんです

でも食べたいから走る！お酒飲みたいから走る！って言ってる仲間も多いです
そういうのも走るモチベにすればいいじゃないですか
ストイック一辺倒ではね
あと大会には出ましょうよ
いいいっ？・
（変な声）
大会に出たら楽しいじゃないですか
運動は楽しくないと続けられません！
講習受けた人みんなに言うんです
大会をモチベにしましょう！って
やせるモチベにもなるよ
きれいな瞳でめっちゃ推す…
先輩ランナー怖っ
じゃースロージョギング楽しんでー
福岡大学病院
なんかめっちゃ大会出場推されましたね
トボトボ
エントリーした横浜マラソン再来月かぁ
大丈夫なんですかね私たち…
走ってます？
走ってませんってば
ほんとに横浜を走れるんでしょうか私たち

スロージョギング質問コーナー

もっと教えて！松田先生

**体力アップや健康づくりに得策なスロージョギングについて、
福岡大学病院の松田拓朗先生にさらに詳しく質問してみました！**

［まき］

**スロージョギングは、なぜ同じ速度で歩くよりも運動効果が得られるのか、不思議です。
楽な運動でいいのなら、無理に走らなくてもいいのでは？　と思う人がいるかもしれません。**

［松田］

人間は、歩く速度が時速6～7㎞くらいになると自然に走り出してしまいます。その速度で歩きのまま移動しようとすると、動作効率が低下して動きに無理が生じて苦痛になるからです。時速7㎞前後の速さを境に、人間は歩くよりも走る方がラクになるんです。
逆に、時速7㎞以下の速度になると、ジョギングは同じ速度で歩いたときと比較した際に運動強度が高くなり、より多くのエネルギーを消費します。運動強度が高いと「きつい運動」になると思いがちですが、時速6㎞以下の速度の場合、同一速度であれば歩きとジョギングでは、感覚的に感じるキツさ（主観的運動強度：RPEと呼ばれます）は同じになるという面白い研究結果を私たちは発表しました。つまり**歩きでは充足できない運動強度を歩きと同じ速度のジョギングに変えるだけで、感覚的なキツさはウォーキングと同じまま運動強度を高めることができるのです。**
「健康づくり」において、歩くだけでは効果が期待できる運動強度を充足させることが困難で、本当に健康利益を得られるかわかりません。運動効果を引き出すためにも「運動強度」が第一に重要な要素であることを多くの人に知っていただきたいですね。

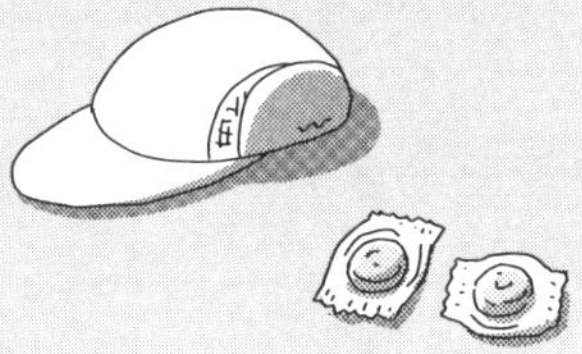

［まき］

あえてゆっくり走ることで、体はキツくないのに運動効果が得られるなんて、すごい発見だったんですね！　歩くだけでは鍛えられない筋肉も鍛えられるのも、スロージョギングのメリットですよね。

［松田］

スロージョギングは、加齢で衰えていく筋肉も同時に鍛えられます。**太ももの前側の大《だい》腿《たい》四《し》頭《とう》筋《きん》や、脚を引きあげる役目を果たす大《だい》腰《よう》筋《きん》などです。**さらに、ジョギングという動作は片足ジャンプの連続なので、片脚で体を支える能力（バランス能力）も高められるという健康づくりにとってとても効率的な運動なのです。これらの筋肉やバランス能力は残念ながら歩くだけではなかなか鍛えられないんです。小さな段差でつまずいたり、転倒したりして寝たきりになってしまわないよいように、足腰やバランス能力を鍛えていきたいですね！

《スロージョギングで鍛えられる筋肉部位》

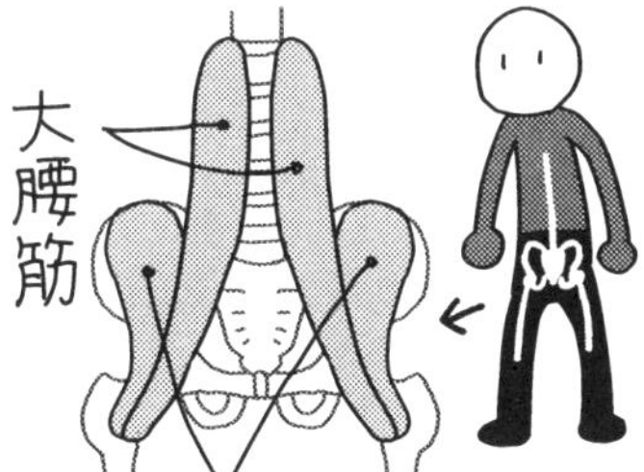

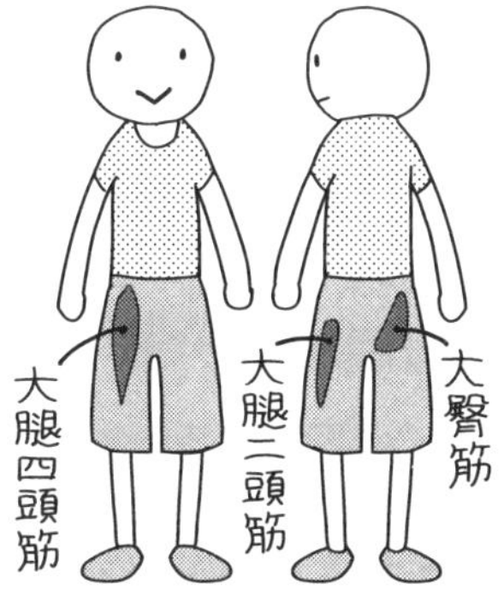

おすすめします
健康に生きたいと
思いつつ 少し運動を
すると あちこち痛めて
しまうシニア世代…
準備体操もそこそこに
走り出せるスロージョギング
は、毎日の運動として最高！

【第3章】
マラソン大会に出場しちゃいました

Chapter 3

第９話 横浜マラソン（7km）走ります！

しかし…
3ヶ月
2ヶ月
1ヶ月
太った！そして息がきつい！
ハァ
ハァ
「3ヶ月あれば体は変わる」と聞きますが…
悪いほうに転落するときも3ヶ月でした〜〜
横浜マラソン大会にエントリーしてます
秋に7km走ろうねって編集さんと約束したのに
走れるの？私これ
注 今人生で一番太ってます
おそれは的中
わあ！最初の角まで走れない！（25m）
完全にジョガー0地点に戻ってる
ドス
ドス
ペタ…
3ヶ月あれば身体は変わる
①痩せる
②距離を走れるようになる
③スピードアップ
この3つを大会当日までに仕上げねば！
けれど…

走りのほうも全然だめ
すぐきつくなって心折れてしまう
というか走り出しからもう足が重い
去年と今年で何が違うっていうの？
体重？
年齢？
心がけ？
同時期に走り始めたファイナンシャルプランナーのSさん
私もですよ
去年から1歳年を取ってますからね〜
そば
やっぱ加齢？
とか言いつつ彼女は着実に距離を延ばしてるんだよなぁ
今日はランニング女子トークできて楽しかったです〜
彼女と私では何が違うの？
根性？
体重？
よせよ
そこでまず体重減に取り組むも
減らない！
去年は走っただけでするする4kg減ったのに
軽ヒマンです
脂肪多いよ
筋肉なさすぎ〜

「もう年だし」を払拭したくて走り始めたのに
悔しいな
ある日気づきます
あれっ
ジョギング後の反省会
毎日走り始めは「体重い」「今日はだめな日」と思うけど
その後のピッチは決して悪くない
私の課題はメンタル?
足痛いー
ダメだ
もう走りやめよう
距離延びない
私なんてダメ人間
スピードのびない
確かに走ってるとき脳内がネガティブ
そこで走るときに聴く音楽をオーディオブック(本)に
ピロリン♪
エンターティナー作家のサスペンスなんてどうかな
Mやべ Mゆき大先生
(既読)
ネガティブな自分と対話をさせない作戦です
そのときだった「待て―」
ラン神太助
無我の境地で淡々と走ってみると
(安全な道です)
タッ タッ タッ
おおう走れる!
けっこういい感じ

加えてインターバル走も採用
「もう無理」とかの弱気が出たら歩く！
タッ
タッ
タッ
そうでなくても心拍数が130bpm超えたら歩く
もうちょっと走れる気もするけど歩こう
108くらいまでおとそう
ペースダウン
2km走れた！
やっと前回の毎日練習の距離です
おはずかしい… 練習初日に2kmくらい走るよねフツー
練習の距離が1kmから延ばせない自分に幻滅していましたが
考えすぎて自信をなくしてたかも
結局メンタルなのかどこかに体調不良があったのか不明です
謎不調すぎていろいろ検査もしました
大丈夫！毎日走ってるなら筋肉も肺活量ももうついてる
本番では無心になれたら勝ちだよ！
姉さんありがとう～
月間200km走る先輩ランナー
小天狗ちゃん（仮名）
先輩曰く！
そしてやっぱり無心に走れたら強いのか
雑念多すぎィ
おぬしは
ヘタレェ
ラン神太助

ランニング音楽を
ファイトソングに
編集し直し
ガンガン
走ってみたら
距離も３㎞！
スピードも
記録出た！
力はついてるって
ホントだったよ
これなら
本番も
いけそう
何ヶ月も
苦しんでいたくせに
単純です
その後やる気を出して
雨の日にも走ったら
風邪を引いたり
バカだ〜
直前に巻き爪に
なったりしながら
イタイ〜
長い巻き爪歴だが
今起きますか！
10月
ピンポーン
大会ゼッケンと
Tシャツ届いた
いよいよ
横浜マラソン
（７㎞）です！

どさくさに
イヤホンも買い
音楽のサブスクも
契約しウキウキ
でしたが…
イヤホン服の
ポケットに入れ
たまま 洗濯した!
号泣〜
これはいい

お金もかからず体調万全!!

ゆる走り

スロージョギング

第10話 いざ！大会当日

横浜マラソン(7km)に参加してみました
本日は大会当日の朝です
なんか観覧車あるぅ 何ここ極楽？
みなとみらいの大観覧車です！遅れてすみません
福岡在住漫画家 まきりえこ
はちみつ コミックエッセイ編集部 編集 白熊さん
事故遅延ではやむを得ません
フウハア
首都圏…
昨日の作戦会議ぶりですね
夕べ眠れました？
うっ！
仕事繁忙期↓
実はあまり走り込めてません
でも昨日はなんとか3km走ってみました
大丈夫かな
エヘ
白熊さんの付け焼き刃が昨日判明した
編集白熊さんもお疲れだが実は私も…
昨日キャリー引っ張って羽田↓横浜着
BBAのHPはもうゼロ
ひぃ〜
まあお祭りですしね楽しみましょう
そうですね
うしろあたま

私たちが参加したのは
横浜マラソンの
「みなとみらい7㎞ランの部」
パシフィコ横浜
臨海パーク
ゴール
横浜ランドマーク
タワー前
スタート
横浜ランドマークタワー前を
出発しパシフィコ横浜
赤レンガ倉庫 横浜ハンマー
ヘッドなどを巡るコースです
「みなとみらい
7㎞ランの部」は
90分の制限タイムが
設けられてます
時速4.6㎞で走れば
間に合う計算なので
練習不足の私もなんとか
ゴールするつもりです
歩いても間に合う
制限タイムだと
思います
練習では実際に
家の周りを早足で
歩いてみました
歩いても
いけるー
7㎞ラン以外にも
ファンラン
(ファミリー・中学生
2.7㎞)もあり
そちらも初心者が
チャレンジしやすいです
楽しい
アフターラン♪
走路の景色も最高だし
中華街も近いしね!
煽りますね?
みんな
走るがいいよ
道連れじゃ

マラソンの経験値でAからJまで分かれます私たちJは最後尾です
みなさん準備はオッケーですか〜
フルマラソンの人たちも一緒に並びます
ゲストの〇〇です！ぼくも今日は走ります
スタート前の緊張感っていいなあ
7kmだけども
ザワザワ
まず完走が目標ですかね？
そうですね
歩いたり走ったりしましょうね
私には目標がありました
前回無理してばててしまったので今度こそ自分のペースで走りたい
ニコニコペースで完走したい
ニコニコペースでも90分の制限時間に間に合う計算です
みんなストレッチしてる
走り込み不足でも若い白熊さんは力があるでしょう
スタートしたらばらけましょう
え！しばらく伴走しますよ！
人に合わせるときついですよ
ご自分のペースでどんどん行ってください

ちょっと準備運動しますね
あ 私も
そのとき!
ゴロン
ドシン
バランスでも崩したのか突如おじさんが転がってきました
痛っ
大丈夫ですか?
あ…はい かすっただけ
このとき右足の親指を踏まれました
別に痛くない大丈夫
巻き爪の左じゃなくて良かった
ドキドキ
最後の組(J)も先頭から40分遅れでいよいよスタートです
わあっ
スタート時刻から40分遅れの9時10分に私たちもスタートです!
じゃあ頑張りましょう
はい! まきさんも!
ゾロゾロ

しばらくは並んで走っていましたが
スッ
抜く人の邪魔にならないよう白熊さんとタテになりました
1㎞／7分
前回はスタートのみんなの勢いに付き合っちゃったんだよね
1㎞／11分に落とします
しばらくはフルマラソンの人と一緒に横浜のビル街を走ります
すごくいい天気きれいなコース
気を抜くとペースがあがります
あ！1㎞が9分になってる落とさないと
少し前方を白熊さんが走っています
前回は開始直後に飛ばしすぎて3㎞あたりできつくなったのですが
もう2㎞なのに全然きつくない
いいぞ！
ところが…
ブロロン…

最後尾の伴走車と白バイに追いつかれてしまいました！
ブロロロ
ええ〜っ
振り返ると自分の背後にはもう走りやめそうな人しかおらず
今2kmを20分ペース
ってことは7kmを70分…
あれ？
あれ？
ゴールが閉まる90分には十分間に合うつもり
計算通りだしなんの問題もないよねえ!?
えええ
動揺
乗車してる係の人に聞いてみました
もしかしてもうアウトですか？
後ろにまだもう一台いるから頑張って
よし！

いやいや
この走りで
大丈夫だ
乳酸の溜まらない
ペースで
ゴールできる!
2度目のチャレンジは
納得のラップで
最後まで走りきれそうです
タッ
タッ
タッ
ところが…
沿道には最後尾らへんの
私がラップを見ながら
ペース管理しているとは
思ってもらえず
パチパチ
ああ!
ビリだけがもらえる
温かい拍手来た
既視感!
いや私全然
疲れてないんで
ちょっ…
これ作戦通りなんで
がんばれ〜
見て!
余裕あるでしょ
大丈夫〜
走りも表情も
ぎりぎりじゃ
ないでしょ?
ガンバレー
まけるな〜
力む!
心拍が130超えたら
30秒歩いて落ち着かせる
作戦でしたが
くぉぉ
今歩いたら
余計憐れまれて
しまう
自意識過剰

車道から見たら「こいつのせいで交通規制が解かれない」と思われてるよね？
とっとと走れですよね
のしかかるビリの重圧！
気づくとオーバーペースだ！
ちょっとずつ計算が狂います
そこでさらに動揺することが…
第1関門がもうじきタイムアウトです
2台目の車でした
頑張らないと間に合わないよ
急いで！
うんっ
何？
第1関門にタイム制限あり？前もって見た記憶がないよ見落とし？
もうじきっていつ⁉⁉
ガイドブック
大会HP
第1関門は何km地点でしょうか？
知らないわ～
軽くパニック

9時35分に第1関門が閉まります
あと10分？第1関門って何km地点にあるの？
大会概要は写メしてますが動揺していて見つかりません
スクロール
ダッ
ええい！タイムロスしてる場合か
ここで終わるわけにはいきません全力で走ります
ズキーーン
ペースをあげ走っていると足の裏が痛みました
えっ
足の裏が痛いなんて初めてだ
ズキン
ズキン
ドシーン
スタート前に打ったとこをかばって走って痛めた？
左膝までもが痛みます焦ってペースをあげたせいでしょうか？
ズキン
怪我をしない走りを心がけてきたのに
ガーン
ズキ
ズキ
痛みは大したことはなかったのですが…

練習から全然
うまくいかなかった
私が走りを楽しむとか
おこがましかったんだ
ダメ人間
またビリだし
また哀れに思われて
みっともない
ダサ
ギャー
ガンバレー
ガンバレー
変な心の声が
聞こえるぅ
どんどん落ち込んで
ネガティブに！
おりしも
走ったことがない
長い上り坂…
そこでついに
足が止まって
しまいました
トボ
トボ
頑張っても
もうきっと
タイムアウトだよ
雨模様の予報は外れ
気温は22度と高く
フルマラソン組では
例年より多くの
体調不良者も出たそうです
気づくと
白熊さんが
すぐ前にいました

上り坂を歩かず走っています
くたくただろうに…
彼女には初めての大会なのに私は全然助けにならなかったなあ
ご自身のペースでどんどん行ってください
考えたら冷たっ…
白熊さんごめんね！
ようし私もっ！
ゴールまで歩くから！
おーい走らないんですか〜？
いやもう無理
スタスタ
てくてく
最後尾集団に歩いてついていきます
もはやスピードいっしょ

走っても歩いても
一緒なくらいの、
へとへとペースで
なおも走る人たち
割り切っちゃって
歩く人
てくてく
マラソンって
人生みたいって
言うよね
ダメなほうの
生きざま・・・
おっ！
あと500m
がんばれ～
間に合うぞ～
3km
やっと第1関門が
どこか判明しました
3km地点でした
最終車に動揺して
ハイペースにしすぎたり
折れたりしましたが
「私が
やっぱ最初の計算で
間に合ったんじゃん！
おバカなの？私は
しばらく歩いたんで
また走れます
下り坂だしっ
第1関門
無事通過
ふんぬー！
その後は
走ったり歩いたり
しながら
すぐ後ろに
私がいるって
気付いてないなあ

やがて
車道が終わり
こっち
こっち
海沿いの
美しいコースへ
応援の人も増え
(ビリへの)
声援も増します
ガンバレー
パチパチ。。
ガンバレー
わーっ
わーっ
50年の時を経て
また同じ辱めに
同時にファンランの
ファミリー+中学生
2.7㎞の部がスタート
キャー
ワー
フレッシュな
家族連れにどんどん
追い抜かれますが
走者が増えると
ビリへの注目が薄れた
ここで奇跡が起きます
ムクムク
ムク…
同情されないと
元気が出てきた
私まだ
走れそう
遅いペースのおかげで
乳酸が溜まってなかった
のでしょうか

ここでやっと白熊さんに追いつきます
あっ まきさん 追い上げすごい
後ろって どのくらい います?
いません!!
もうファンランの人ばっかりです
ええ!
ゴールが見えました
FINISH
最後の力をふり絞って
走ります
横浜マラソン7㎞の部で制限時間内にゴール!
わあっ

終わった〜〜!
ワーワー
キャー
ゴールイベントも華やかで屋台も出ています
でももう動けない〜
今回の大会は後悔しかありません
厳しかったなぁ 今回…ビリだし
いろいろもらった
タオル
メダル
YOKOHAMA
MARAT
2021.10.
ポカリ
ゆで卵
え! 私たちビリってことはないですよね
途中で松葉杖の人に抜かれたでしょ
ホイホイ
あの時点で私が最後尾です

雑念が多すぎて ラン神太助は ついに現れず
90分はクリア できたけど… タイムも 良くなさそう
ラン神太助
2回目の 挑戦は 後悔だらけ です
はぁ〜
撮影お願い できますかー？
やっぱ「ビリ」ってのが 少女期のトラウマ なんだよね
注目が辛かったなあ
最後追い上げられたなあ もっと頑張れば良かった
白熊さんは 頑張り屋だった
歩くまいと 思ったんですが 最後歩いて しまいました
マラソンって 性格出るなあ
写真とりましょ
私たち完走 おめでとう〜
ビリですが

さっき靴の計測タグ集められましたよね
はい？
計測タイムは後日教えてもらえるのでした
私たちはスタートが最後尾ですから
40分引いたらわりといいタイムだし順番もきっと…
ビリじゃないのでは
あーっ!!
忘れてた！
全然ビリじゃありませんでした
1時間15分54秒
総合順位
6355位/6385人中
1時間15分28秒
総合順位
6353位/6385人中
祝完走
出走記念品メダル
数日後のメール
最後の追い上げすごかったですね
そう！白熊さんを抜いたの
カハハハ
キヒヒ
筋肉痛はどうでした？私は翌日にやっと復活…
ヤングめ…
3日間ゾンビ

今回の反省点は第1関門の存在を知らずに挑んだことですね
県外在住なので事前に(※)郵送で公式ガイドブックが届きました
第一関門
ート
※地元の人は前日に現地で受け取ります
ここにあった～
隅から隅まで目を通し当日必要な情報は写メを撮ったんですが
慣れないうちはやはり何かが起きる
やはり自分のレベルに合った大会を選びたいですね
初心者向け
3kmのファンラン有り
ウェルカムサービス
親子で参加可
起伏のないコース
仲間とリレー
「ランネット」というサイトなら各地のマラソン大会の情報が検索できます
大会終了後の現地フェスタや地元ディナーを楽しみに大会を選んでもいいですね
余裕のないスケジュール組んじゃったんで中華街行きそびれた
トンボ返り
とにかく練習含めいつもの生活にはない刺激がいっぱいだったので
大会タオルと
大会Tシャツよ
めちゃくちゃ脳が鍛えられた！若返ったと思う
みなさんもラン活で大会参加はどうですか？

PHOTO ALBUM

～＠横浜マラソン～

2024年10月下旬に開催された横浜マラソン（みなとみらい7㎞ラン）に挑戦してきました！　ゴールまでの怒濤の75分をお届けします！

◀スタート地点・ランドマークタワー前で記念撮影！

▲前日は書籍の打ち合わせを兼ねて作戦会議。翌日のマラソンのためにパスタで糖質補給！

▲スタート時刻は過ぎたものの、後方に並んでいるためまだ出発できません…。このときはまだ心の余裕が。

▲記念Ｔシャツと横浜元町ブランド「キタムラ」のパスケースが大会前に自宅に届いた！

福岡大学病院・松田先生から
こんなアドバイスをもらいました！

息切れ一歩手前のニコニコペースで走れば大丈夫ですよ！それでも辛いときは、積極的に歩きと走りを織り交ぜてゴールに進んでください。スマホも持って、撮影しながら走ると楽しいですよ！マラソン大会はお祭りです！とにかく楽しむことが第一！

横浜の景色をどうぞ!

▲正直なところ、景色を眺めるどころではなかった!
後から横浜の街を走ったのだなと実感!

ひたすら走る!
長い道のり…

▲「7kmを走ったのなんて高校生以来です。
気が遠くなりました」編集担当白熊さん談。

ついにゴール!!

▲後からスタートしたファミリーや
中学生たちと一緒にゴール!

子供たちに
紛れながら…

▲走っているのは私たちだけじゃない…!と
心強くなりました。家族で走るのも素敵!

スロージョギングなら7km走れた!

▲完走メダルと出走記念
のタオルももらいました!

▶2人とも7kmを約75分で完走!やったー!　両脚は疲れと痛みでガクガクだけど、ゴールした嬉しさで気分爽快!

福岡マラソンは
雨模様でした
景色いいのに
ビミョー
なので晴天の横浜マラソンは…
陽キャのイベントすぎて
闇の者（デスクワーカー）は
身体が溶ける!!
バンパイアなの？
ガハァ
キラ
キラ
最高のビューでしたが
力を充分出し切れず…
更衣室
作戦完遂できず…
凹むう…
趣味で凹むのよくない
もうやめようかなーラン活
しかも
中華街に繰り出す予定が
もう体力ゼロで動けぬ
でも筋肉痛が抜けたら
また走りたくなるのは
なぜ…？
デュフフ
どこかにあるかな
私が走れそうで
ご飯の美味しい街で…
三歩歩くと
つらさを忘れる

【最終章】

目指したい未来の姿

Final Chapter

第11話 格好良く年を取る

ちょっと待って〜〜
私のSNSのフォロワーさんがしょっちゅう朝の山に登ってて…
え？流行ってるんですかね？
山…
いやその人は若いんだけど
市街地↓
70代
毎朝山で会う顔ぶれはほぼ70歳オーバー 80代もいますよ
80代さんは病気回復のお礼に一升瓶2本背負ってきました
山頂の神社に
2升
天狗では
!?
母が登る山にも毎朝走って登って数往復してるおじいさんがいるらしいです
推定80代
早い
天狗何人いるの？
ネットで見た話ですが…
実家の母は運動くらいしてるのかな〜と心配してたら
近ごろ
卓球してるの
母
ピンポン？ああそれはいいね
卓球のために筋トレもしてるの
スクワットと踏み台昇降♡
強くなりたいの
筋トレWHAT⁉
私よりハードに運動してる⁉
それたぶんピンポンじゃない！スマッシュとかばしばし打つやつ

このように…「目を離した隙に実家の親がスポーツ老人になっていた」
という話を最近立て続けに聞きます
若いときから運動していた人ばかりでなく運動習慣があまりなかった人たちまで…
なんなの!?
うちの母も犬の散歩仲間に誘われたって
昔の老人は腰も曲がり…見た目から老人でした
出産回数も多く骨粗鬆症だしね
張り切りすぎると年寄りの冷や水と笑われたものです
うちの婆ちゃんエビみたいだった
また朝がきた
私も更年期で心身がガクッときて
ああこれは来るべき老化に向け「無理をするな」とのサインだなと思いました
うまくギアチェンジし老いを受け入れていくこと!
知の光?
悟った!
思うに任せない更年期はその考えを受け入れるきっかけになりました
でも元気な高齢者たちを見ていると…
しゃあ

現状のまま緩やかに老いていく道を選んでいいのかな?
老いの坂
生活習慣病
ケガ
大病
ピカーン
加齢にあらがう武器を何か一つ持ちたいな!
スロージョギングならそれが可能かも
誰でもできる
ロコモに効果的
生活習慣病予防
認知機能向上
老化にあらがうミトコンドリアも増える
年を取っても続けられる
今日から始められる
血流アップ
基礎体力アップ
睡眠の質アップ
高血圧改善
減量効果
メタボ予防
骨粗鬆症予防
怪我が少ない
今日から始められる
ひょいっ
始めるための基礎体力作りも道具の用意もいりません
メタボ・生活習慣病の予防と改善
私も健診数値がすべて向上!褒められてます
血糖値
悪玉コレステロール値
腎数値改善etc.
脳機能の維持・向上
アルツハイマー病の進行や海馬の加齢による縮小に対し良い効果があるそうです
血流改善、ニューロン再生、幸せホルモンセロトニンも多く出るよ

※加齢により心身が衰えた状態のこと

ところで私は末端冷え性ですが
走り始めると指先がじんじんするんです
毛細血管再生してるう
小さい頃からすぐしもやけ
ホカホカ
全身の血流が改善する
高血圧改善！全身の臓器にも酸素が行き渡る
おおおお
脳の血流も増え血管も新生するらしい
つながれニューロン
増えよ毛細血管
脳に良い
そもそも有酸素運動は脳にいいらしい
アルツハイマー改善やうつなどメンタル疾患に有効
海馬が大きくなった研究結果も
実験ではスロージョギングを続けたグループで脳機能テストの得点が改善しその後も運動を続けることでテストの高得点が長く維持されたそう
やはり脳を鍛えるには運動！
私ももはや脳がだいぶアレな自覚があるので
一生とは言わないけどずっと走れたらなあでもあと10年くらいしたら無理かしら？
希望の光ですが
膝とか痛める？
歩けるなら走れます！
その声は！

みなさん70代80代でも走り続けてます
80歳で走り始める方もいらっしゃいますよ
松田先生！
走る理由はそれぞれですけどね！
健康維持
減量で膝の負担を減らしたい
大病後のリハビリ
脳や気力の活性化
仲間作り生き甲斐探し
スポーツ歴なしでも大丈夫ですか？
もちろん！
実例1「運動不足を自覚したので」
金重尚子さん（開始時41歳）
転勤で自転車通勤をやめたらとたんに運動不足に
私もスローステップから始めたんですが
体重は変わらないのに腰回りにくびれが！人にも「痩せたね」って言われます
スッキリ
スローステップ：日本スロージョギング協会が提唱する踏み台昇降運動
しばらくしてスロージョギングもやってみたらいきなり2km走れて
走れる！
今は週末に4kmほど走っています
吹き出物がなくなって肌の調子もいいしいいことづくめです
いきなり2kmはうらやましい私ももっと筋肉付けたい
走ってみてきついという人は・筋力不足・速く走りすぎですね

※「METs（メッツ）」…座位安静時を基準（1.0 MET）に、何倍の代謝量に相当するか。

私も大会を走って筋肉不足を痛感してます！
スローステップって何？
簡単に言えば踏み台昇降です
僕らはこれについてもその人に最適な運動強度を研究しています
(METs)※
昇降頻度(bpm)と台の高さで運動強度が変わります
こちらも笑顔でできるニコニコペースでね
実例2
「もっと速く走りたいから」
宮原泉さん（開始時54歳）
スロージョギングは乳酸が溜まらずマラソンも速くなると聞きました
そう！サブスリー目指せるよ
故田中宏暁教授
ですがやっていると筋力不足が課題に！
そこでスロージョギングにスローステップを併用
これが効果ありでレースの記録もアップ！レース後の足の疲れも軽くなりました
コレステロール値も下がりました
お金がかからないのもいいですよ！
みなさん前向きでストイックですね
ランニング後に食べるためや飲むために走る人もいますよ
ごほうびも大事！

昇降頻度(bpm)	台の高さ(cm)		
	10	15	20
80	3.5	4.2	4.9
90	3.8	4.6	5.2
100	4.1	5.0	5.8
110	4.5	5.4	6.3
120	4.8	5.8	6.8

ところで
ダイエット目的で
走るなら
朝ご飯の前に
走るといいですね
痩せたいなら
朝食の前!
待って!
メモ帳がないから
手首に彫るから!
ギャー
寝付きを
良くしたいなら
夕方に走ると
いいですね
ああ! 睡眠も
私たち世代の
重大懸案事項
なのよ
いったい
いつ
走れば?
眠る6時間前には
走り終えてね
3回の食事の前に
軽く走れば?
実例3
「スポーツ歴ゼロでした」
匿名さん(開始時62歳)
ホノルルマラソンにも出たり
スポーツを楽しんでいますが
もともとは小走りでも
息が切れるタイプなんです
私と一緒
でもコツコツ
続けてたら
距離も延びて…
嘘のように
長く走れるように
なりました
体重も一年で8kg減!
最初は膝痛もあったし
スローステップから!
ウフフ
だんだん走れるように
なったら楽しくて
膝が
痛まないので
社交ダンスも
始めました
膝痛でも走って
いいんですか?
膝痛の原因は
運動より過体重と
言われています
膝を守る筋肉がついて
楽になる方は多いですよ

みなさん いろんな理由で スロージョギングを 続けていますね
ふわ〜
走れると 楽しいですからね
私も楽しいです でも友人には 「走るのだけは イヤ！」と 拒否されるんです
しょぼん・・・
友だち スポーツウーマンが 多いんですよ
ぜったい走らん！
NO!
NO!
イヤだ〜
きみら私より ずっと走れるやろ？
ぼくたちは 「走る」ことのイメージを 変えたいんですよ 「きつい・辛い」 イメージを払拭したい
人類はずっと ランナーでした
走ることは 誰にでもできると 知ってほしいです
食事と 同じように！
人類は 走るように できてるんです
Get wild!
「野生を呼び覚ませ！」 ですね

人間の本能

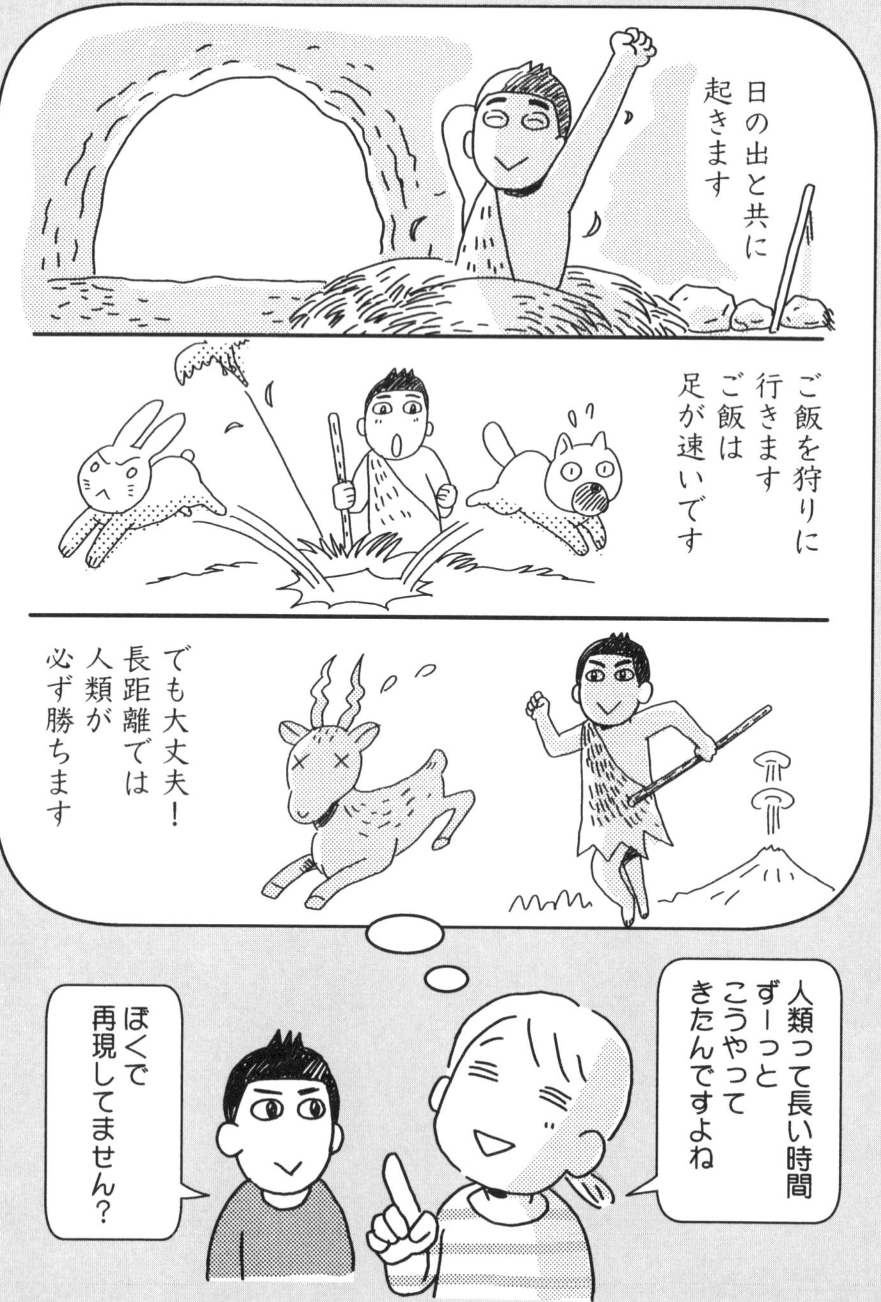
日の出と共に起きます
ご飯を狩りに行きます
ご飯は足が速いです
でも大丈夫！長距離では人類が必ず勝ちます
人類って長い時間ずーっとこうやってきたんですよね
ぼくで再現してません？

第12話 体はどう変わった!?

脂肪が筋肉に変化すると体重は増えるしね
脂身1kg
赤身1kg
今 それ！
じゃあ体脂肪と筋肉量を見てみよう
う～ん あんまり変化ないね
スマホデータ
自分的には好感触なの！
お尻もキュッとあがったし
パァン
わあ パンツ脱いだ
つまめる腹肉はほとんどない！
ほらっ！
にゅーっ
しまって腹
もっとこう数字で証拠が欲しいんだが
ああそう
去年4kg減って今年3kg減ったので実質7kg減！
それは言いすぎ
まあ実質数ヶ月だったしね 走れたの
結果が出るのはこれからか…
あ！数字ならあるよ
健診の中性脂肪値！
(単位mg/dl)
110
114
72
57
47
57
51
現在
ここが走り始め
2023
2024
お！こういうのが欲しいんだよ
どんどん下がってる！
健診は半年に1回くらいのペースで受けてるのよ
持病があるので
他に改善した数値ある？
ホラ

実は腎臓の数値(※)がずっと怪しくて
※クレアチニン数値
血流改善に軽運動が推奨されるが激しい運動は数値を悪化させかねない
うん
けんしん
それが改善基調なんだよね
0.88
0.79
負荷としてちょうどいいってこと？
へえ
ニコニコペースは他にも膝痛や心臓病の回復に役立つとのエビデンス多数
病態にもよるので主治医ともご相談ください
スロージョギング協会
あとはアップルウォッチの心拍変動数値が倍に！
何それ
元々悪かったの
26
11
自律神経のバランスが整ったってことよ
心拍変動の数値が改善すると病気しにくく抑うつも改善するとのことです
睡眠も改善！中途覚醒しちゃって平均睡眠時間「5時間」だったのが
朝までぐっすり7時間
スマホアプリで測ってます
中高年のお悩み睡眠不足にも効果が
長期で計測してないけど寝不足で高かった血圧も安定してていいかんじ
長生きしてしまう！
1《い》1《い》6《ろー》5《ご》
スロージョギングこれからも走ります！

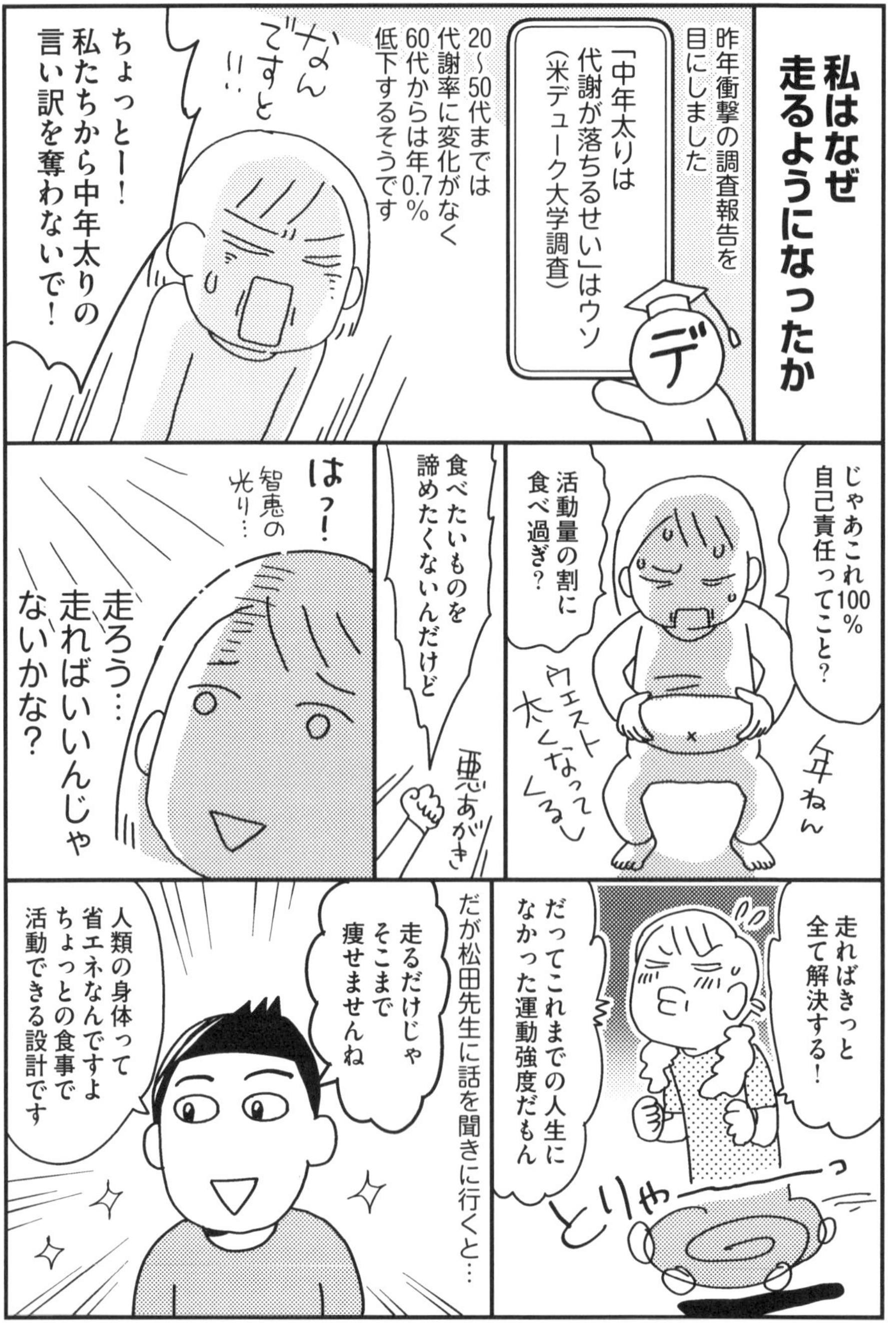
私はなぜ走るようになったか
昨年衝撃の調査報告を目にしました
「中年太りは代謝が落ちるせい」はウソ（米デューク大学調査）
デ
20〜50代までは代謝率に変化がなく60代からは年0.7％低下するそうです
なんですと!!
ちょっとー！私たちから中年太りの言い訳を奪わないで！
じゃあこれ100％自己責任ってこと？
活動量の割に食べ過ぎ？
ウエスト太くなってくる
年ねん
食べたいものを諦めたくないんだけど
悪あがき
はっ！
智恵の光り…
走ろう…走ればいいんじゃないかな？
走ればきっと全て解決する！
だってこれまでの人生になかった運動強度だもん
とりゃーーっ
だが松田先生に話を聞きに行くと…
走るだけじゃそこまで痩せませんね
人類の身体って省エネなんですよちょっとの食事で活動できる設計です

だからやっぱり運動と同時に食事も見直した方がいいです
ガーー
食事を記録するとやはり脂質と糖質の摂り過ぎでビタミンなどが不足気味
あ○けんの女（アプリ）
脂と主食摂りすぎです
ヤングみたいな食べ物ほど美味しいんだよう
でも走る習慣で身体が軽くなっていくと
痩せますよ！
筋肉が付いて元気も出て
ちょこちょこ立っては用事を片付けるようになりますから
そうなると基礎代謝も上がりますから自然と痩せます
ほんと？
確かに家でも出先でも「おっくう」と思うことが減った
ぴょい
ぴょい
ダイエット効果はきっとこれから出てくると思っとこう
私は来年にはスレンダーな美魔女になって
その先は健康老人を目指してると思います
食べて走って一緒に美魔女を目指しましょう！

私の愛用ジョギングアイテム

【ランニングウェア】
私は暑がりなので吸汗速乾機能必須
ミズノナビドライ
吸汗速乾半袖
安くて涼しい
私のマスト
ミズノクイックドライ
長袖　J2MAA722
ミズノランニング
マルチポケットパンツ
J2MB8710 レディース
ウエストに
スマホも入れられ
手ぶらでいい
疲労回復する
かなと買った
膝なども
守るそうです
CW-X(ワコール)
スパッツ　HXY499
【リュック・ポーチ】
小銭を持ってると便利でウエストポーチを購入
PITAT PRO
ランニングポーチ
反射材がついてて
夜ランも安心
トレイルラン用
走っても揺れない
U-Makesランニングリュック
軽量10L
「ついでラン」で夕飯のおかずも買いたくてリュックも入手
【ランニングアプリとスポーツウォッチ】
私は文字盤大きめのアップルウォッチを使ってます
どちらも
タイムや走行距離
心拍数など測れる
ヘルス系appが
充実
Apple Watch9
(45mm)
本格的なランナーにはガーミンが人気
ランニングに
特化
持ってないけど
ガーミン
Forerunnerシリーズ
初心者は数千円のスポーツウォッチで十分かとも思いますが
地方のマラソン大会で電波が拾えなかったりも
あれっ

お金もかからず体調万全!!

ゆる走り

スロージョギング

あとがき

「いやいや、走らないでしょう！あなたに限っては」
これは「実は最近走っている」と私が告げたときの、
小学校からの友人の第一声です。
それほど私は「何がなんでも走らない」イメージだったそうです。
ランナーじゃなくて「走らんナー」です。
私自身、現在の走る自分に違和感が半端なく
「なんで走ることになっちゃったんだろう？」と思うこともあります。
私が「ランニング習慣」に踏み込んだ理由は何だったのでしょうか？
始まりは「更年期」でした。私の更年期は重く、
寝たり起きたりで仕事や家事にも影響を与えるきつくて長いものでした。
それだけに更年期が明けたときの「どこにも不調のない心身」はありがたく、
これを維持して健康なシニア期につなげたい！と思いました。
ウォーキングは細々と続けていましたが、体力が積み上がったり
ダイエットに効いている様子はありません。テニスや空手に
挑戦してみたものの、更年期を経た私の筋肉は痩せ細り、
運動を始めるには、そこそこの基礎体力がいるということを思い知りました。
子育て、仕事、介護と、自分以外の誰かのために
頑張る長いシーズンを経て中高年期に運動を再開しようと思っても、
もはや運動を楽しむ筋肉も疲れないための肺活量もない。
もう運動は卒業なのかもしれない…。

そんなときにスロージョギングに出会いました。
息も上がらず１㎞走れました。横断歩道すら走って渡りきれない
「走らんナー」にとって、それは快挙でした。
「自分は走って公園一周できる人種だったんだ!?」
「一周できたら十周出来そうだし、それってもうランナーじゃん?」
ジョガーとランナーはまた少し違うんだよということはその後
知ることになりますが、その日は新しい自分にワクワクしたことを覚えています。
そして「走れる」ということが、こんなにも根源的な喜びや
自信につながるとは驚きでした。歩いたり、スポーツの枠組み内で
体を動かしたりするのとはまた違った興奮でした。
本書の指導と監修をお願いした松田先生は、リハビリテーションの先生です。
一旦病気や怪我で体の機能を損なった人たちが
再起をするのに寄り添うお仕事です。
松田先生は「歩ける幸せ、走れる贅沢」ということを強調していました。
歩けることは幸せで、走れることは贅沢なのです。
この本を読んで「もしかしたら私も走れるかもしれない」と思った方は、
ぜひ一歩を踏み出してください。
走れる贅沢を一緒に体験しましょう。

まき　りえこ

Special thanks

福岡大学病院
リハビリテーション部
松田拓朗先生

Staff

ブックデザイン
坂野弘美

DTP
木蔭屋　小川卓也

校正
齋木恵津子

営業

橋本佳奈

神本彩

末吉秀丞

宮井紅於

編集

白熊史子

片野智子

編集長
松田紀子

お金もかからず体調万全!!
ゆる走りスロージョギング

発行　2025年3月15日　　初版第一刷発行

漫　画　まきりえこ

監　修　一般社団法人
日本スロージョギング協会

発行者　永田勝治

発　行　株式会社オーバーラップ
〒141-0031
東京都品川区西五反田 8-1-5

印刷・製本　大日本印刷株式会社

[オーバーラップ　カスタマーサポート]
電話：03-6219-0850
受付時間：10：00 ～ 18：00（土日祝日をのぞく）

ISBN 978-4-8240-1107-7 C0095

**はちみつコミックエッセイ制作の
裏側が読めちゃう!**

【ホームページ】
https://www.over-lap.co.jp/888ce/

PC、スマホからぜひ
はちみつコミックエッセイの
WEB アンケートにご協力ください。

https://over-lap.co.jp/824011077
※サイトへのアクセスの際に発生する通信費等はご負担ください

Let's start slow jogging!

888 comic essay

はちみつコミックエッセイの

変わりたい！を叶える作品たち

ご褒美にもお薬にもなる

心に効く1冊を！

お片付けコーチング！

理系夫のみるみる片付く！整理収納術

くぼ こまき　1430円（税込）192ページ

片付けが苦手な妻と、整理収納アドバイザー1級の資格を取得した理系夫が、夫婦二人三脚で散らかり放題な家の片付けに挑む！理系脳をフル活用し、下駄箱・リビング・子ども部屋と、家のあらゆる場所・モノを片づけていく様子が爽快です。

幸せって何だろう？

稼いだら幸せになれると思ってた

福々ちえ　1210円（税込）160ページ

将来を不安視するあまり、仕事に人生を捧げてきた著者。ところがどれだけ稼いでも幸せになるどころか不安ばかり募ります。お金の勉強・畑づくり・婚活と自分探しに奮闘し、40代目前で「お金以外の幸せ」を見つけ出した女性の物語。